Almuth Bartl

Viele klitzekleine Spiele am Platz

Auer Verlag GmbH

Gedruckt auf umweltbewusst gefertigtem, chlorfrei gebleichtem
und alterungsbeständigem Papier.

1. Auflage 2009
Nach den seit 2006 amtlich gültigen Regelungen der Rechtschreibung

Illustrationen: Stefanie Czapla
Satz: Fotosatz H. Buck, Kumhausen
Druck und Bindung: Kessler Druck + Medien GmbH, Bobingen
ISBN 978-3-403-0**6462**-6

www.auer-verlag.de

Inhalt

Klassenspiele

Gruppenspiele

Partnerspiele

Einzelspiele

Klassenspiele

1 Musik macht müde Mäuse munter
Aufwärmspiel

Vielerorts beginnt der Unterricht am Morgen mit einem gemeinsamen Lied. Das ist erwiesenermaßen eine gute Art, um Müdigkeit zu vertreiben, ein Gemeinschaftsgefühl herzustellen und den Tag fröhlich zu beginnen. Aber man muss ja nicht einfach nur dastehen und singen! Noch lustiger wird es so:

➔ Tiergesang

Jeder singt bzw. bellt, muht oder zwitschert das Lied in der „Sprache" seines persönlichen Lieblingstieres (ausgenommen Goldfische und Vogelspinnen).

➔ Lieder zupfen

Ein Spieler gibt ein Lied vor, von dem er sicher sein kann, dass es alle Mitspieler kennen. Dann macht jeder einen Schmollmund und zupft im Rhythmus des Liedes an seiner Unterlippe, während er das Lied summt. Das sieht lustig aus und klingt auch so.

➔ Laut und leise
Das Lied wird zuerst so laut und danach so leise wie möglich gesungen.

➔ Selbst erdachte Instrumente
Jedes Kind begleitet den gemeinsamen Gesang mit einem selbst erdachten „Musikinstrument“, wie: Finger schnalzen, mit zwei Bleistiften auf das Federmäppchen schlagen, mit Papier knistern, eine Schublade auf- und zuschieben, …

2 Namen-Bingo! *Wer bist denn du?*

Dieses Spiel ist für Klassen ideal, die neu zusammengewürfelt wurden. Jedes Kind malt sich einen neunteiligen Bingoplan auf den Block, schreibt seinen Namen in die Mitte und notiert acht weitere Namen von Mitschülerinnen und Mitschülern in jeweils einem Feld.
Die Lehrerin nennt jetzt nacheinander die Namen der einzelnen Kinder in willkürlicher Reihenfolge. Wessen Namen aufgerufen wird, steht kurz auf. Wer den Namen dieses Kindes auf seinem Plan findet, streicht ihn durch.
Wer zuerst drei zusammenhängende Felder waagrecht, senkrecht oder diagonal durchgestrichen hat, gewinnt das Spiel.

3 Scheibenwischer *Powerkids*

Alle Kinder sitzen auf ihren Plätzen und strecken ihre Beine unter den Tischen waagrecht nach vorne aus. Dabei verwandeln sich die Kinder in Autos und die Kinderbeine werden zu Scheibenwischern. Nun erzählt die Lehrerin, dass sich der Himmel verdunkelt und die ersten Regentropfen auf die Windschutzscheiben fallen. Die Kinder schalten ihre Scheibenwischer ein und bewegen also ihre ausgestreckten Beine in langsamem Rhythmus. Das linke Bein nach links und das rechte nach rechts. Jetzt wird der Regen heftiger und die Scheibenwischer müssen sich demnach auch schneller bewegen. Immer schlimmer wird der Regen und schließlich bewegen sich die Scheibenwischer auf höchster Stufe. Zum Glück wird der Regen bald wieder weniger und schließlich ist der Guss vorbei und die Kinder können ihre Scheibenwischer ausschalten. Puh, was für ein Unwetter!

4 Die Buchstabenverwandtschaft *Deutsch*

Alle Spieler stehen an ihren Plätzen. Die Lehrerin nennt nun ein beliebiges Wort aus vier Buchstaben, zum Beispiel „Hand“ und deutet auf den ersten Schüler. Der verändert blitzschnell einen Buchstaben des vorgegebenen Wortes und nennt es laut, beispielsweise „Hund“ oder „Band“ oder „Hans“ …

Ist das Wort richtig, setzt sich der Schüler und sein Nachbar ist an der Reihe. Hat der erste Schüler das Wort „Hand“ zu „Hans“ umgeformt, könnte er nun „Gans“ sagen „Hanf“ oder „Haus“.

Wer kein passendes neues Wort weiß, bleibt einfach stehen und lässt den nächsten Kollegen knobeln.

Es wird so lange weiter gespielt, bis entweder alle Schüler wieder sitzen oder ein Wort gebildet wurde, zu dem auch der Lehrerin keine Umformung einfällt.

5 Von Satz zu Satz *Deutsch*

Die Lehrerin gibt einen Satz vor und schreibt ihn an die Tafel, zum Beispiel: „Onkel Franz futtert gerne Kekse.“
Nun stehen alle Kinder auf und jedes wiederholt den Satz, verändert aber dabei ein Wort, also vielleicht: „Bauer Franz futtert gerne Kekse.“ Oder: „Onkel Franz bäckt gerne Kekse.“ Oder: „Onkel Franz futtert keine Kekse.“
Schwieriger wird das Spiel, wenn immer der Satz des Vorgängers um ein Wort verändert wird.

Beispiel:

Onkel Franz futtert gerne Kekse.
Bauer Franz futtert gerne Kekse.
Bauer Wolf futtert gerne Kekse.
Bauer Wolf futtert gerne Kartoffeln.
Bauer Wolf pflanzt gerne Kartoffeln.
Bauer Wolf pflanzt keine Kartoffeln.
Bauer Wolf erntet keine Kartoffeln.
Usw.

Wer einen veränderten Satz genannt hat, setzt sich, darf aber vorher noch einen Mitschüler aufrufen, der als Nächster den Satz verändert.

6 Gut sortiert *Mathematik*

An der Tafel stehen, je nach Anzahl der Schüler, etwa 30 verschiedene Zahlen, in unterschiedlicher Reihenfolge auf der Tafelfläche verteilt.
Alle Schüler stehen an ihren Plätzen. Der erste Schüler sucht aus dem Zahlengewirr die kleinste heraus und nennt sie laut. Stimmt seine Zahl, setzt er sich. Der nächste Schüler nennt die zweitkleinste Zahl und so weiter, bis schließlich der letzte Schüler die größte Zahl vorliest. Hat ein Kind Probleme, die nächst größere Zahl zu finden, darf er eines der sitzenden Kinder um Hilfe bitten.
Einfacher wird das Spiel, wenn ein Schüler an der Tafel die genannten Zahlen jeweils ausstreicht.

7 Das schnelle Wortarten-Spiel *Deutsch*

Alle Kinder stehen an ihren Plätzen. Die Lehrerin fragt nun nacheinander nach Beispielen für bestimmte Wortarten, vielleicht: „Nenne ein zusammengesetztes Namenwort, das mit *Qu* beginnt!" Wer jetzt zuerst „Quarkspeise" oder „Querflöte" ruft, darf sich setzen. Die nächste Frage könnte heißen: „Nenne ein Eigenschaftswort mit der Endung *-isch,* das mit *K* beginnt." So wird weiter gespielt, bis alle Kinder sitzen.
Sind die Kinder an das Spiel gewöhnt, darf das nächste Mal zum Beispiel das Geburtstagskind die Aufgabe der Lehrerin übernehmen.

8 Simon says… *Englisch*

Dieses Spiel macht Spaß und erfordert viel Konzentration.
Alle Kinder sitzen auf ihren Plätzen. Die Lehrerin setzt sich auf einen Stuhl, dass alle Kinder sie gut sehen können. Nun gibt sie nacheinander verschiedene Kommandos, die von den Schülern sofort befolgt werden müssen.
„Simon says: Stand up!" Alle Schüler stehen auf. „Simon says: Clap your hands!" Alle Schüler klatschen in die Hände. Die Lehrerin muss das jeweilige Kommando auch selbst befolgen. Gibt sie aber eine Anweisung ohne vorweg „Simon says" zu sagen, darf niemand ihrem Tun folgen. Hat ein Spieler nicht aufgepasst und ist rein automatisch der neuen Bewegung der Lehrerin gefolgt, so scheidet dieser Spieler aus.
Je schneller die Kommandos aufeinander folgen, umso schwieriger wird das Spiel. Wer als Letzter übrig bleibt, darf zur Belohnung beim nächsten Mal die Kommandos geben.

9 Propellerantrieb *Aufwärmspiel*

Alle Kinder schlapp und müde? Dann brauchen sie zusätzlichen Propellerantrieb! Alle stellen sich an ihre Plätze, jeder breitet seine Arme aus. Dann werden die Motoren angeworfen und die Arme bewegen sich wie die Propeller beim Hubschrauber. Erst natürlich ganz langsam, dann aber immer schneller und schneller bis alle Kinder wach sind und der Schultag mit Schwung und Kraft beginnen kann.

10 Das ABC-Spiel *Deutsch*

Die Lehrerin schreibt zwei Wörter an die Tafel, zum Beispiel „Hase“ und „Hund“. Dann wirft sie einen kleinen Ball zu einem beliebigen Schüler. Der Fänger muss nun ein Wort nennen, das zwischen den beiden vorgegebenen Wörtern, Hase und Hund, in einem Nachschlagewerk zu finden wäre. Vielleicht sagt er „Haus“. Passt das Wort, wirft er den Ball einem anderen Kind zu, das ebenfalls ein entsprechendes Wort nennt. Je schneller gespielt wird, umso spannender ist das Spiel. Beim nächsten Mal werden zwei andere Wörter vorgegeben, wobei die Lehrerin die Schwierigkeit erhöhen kann, indem sie den Spielraum zwischen den vorgegebenen Wörtern verringert, wie zum Beispiel bei: „Hubschrauber“ und „Hut“.

11 Zahlen reimen *Deutsch*

Dieses Zahlenspiel ist ein Aufwärmspiel für den Deutschunterricht, denn hier sollen Stabreime gefunden werden. Jeder Schüler ist einmal an der Reihe. Der erste Spieler reimt mit der Zahl „Eins“, zum Beispiel: „Ein einarmiges Einhorn“. Der zweite Spieler reimt passend zur Zahl „Zwei“, vielleicht: „Zwei zweifelnde Zweige“. Danach kommen „Drei dreiste Dreikornbrote“, „Vier verrückte Vierecke“, „Fünf vernünftige Fünflinge“, ...

12 Ich! *Wer bist denn du?*

Mit diesem Spiel kommt nicht nur Stimmung ins Klassenzimmer, die Kinder lernen sich auch gleich ein bisschen besser kennen.
Jeder Spieler erhält ein Krachmacherinstrument. Dazu eignen sich zum Beispiel: Pfeifchen, Rasseln, Orff-Instrumente usw.
Nun werden den Kindern schnell nacheinander viele Fragen gestellt, zum Beispiel:
Wer hat Geschwister?
Wer hat ein Haustier?
Wessen Zahnbürste ist blau?
Wer fährt mit dem Fahrrad/Schulbus zur Schule?
Wer ist schon älter als 8 Jahre?
Wer hat im Januar Geburtstag?
Wer spielt gerne Fußball?

Jedes Kind, das eine Frage mit „Ich!“ beantworten würde, macht stattdessen Krach.
Am Ende stellt man eine Frage, bei der bestimmt jeder Krach machen wird, zum Beispiel: „Wer möchte, dass ich am Ende des Unterrichts eine Geschichte vorlese?“

13 Wedelohren *Powerkids*

Jedes Kind verschränkt seine Hände am Hinterkopf und streckt die Ellbogen dabei weit nach außen. Auf diese Weise zu Elefantenohren gekommen, stellen wir uns vor, wir marschieren durch die Hitze Afrikas und brauchen dringend ein bisschen kühlen Wind. Dazu versucht jeder mit seinen Ohren zu wedeln. Also die Ellbogen nach vorne zum Kopf ziehen und dann wieder so weit wie möglich zu den Seiten und vielleicht sogar nach hinten ziehen. Wieder schnell anziehen und sofort wieder nach außen strecken. Etwa zehnmal schnell hintereinander und schon sind alle Elefanten erfrischt und können wieder weiterziehen.

14 Das Wasser-Wort *Deutsch*

Die Lehrerin schreibt mit einem nassen Schwamm ein kurzes Wort an die Tafel, z. B.: „rot". Die Schüler haben jetzt so lange Zeit, Wörter auf dem Block zu sammeln, in denen das „Wasser-Wort" enthalten ist, bis es an der Tafel verschwunden ist.

Beispiele: B**rot**, F**rot**tee, G**rot**te, Sch**rot**, T**rot**tel, **Rot**kehlchen, Ma**rot**te, Ka**rot**te, ...

Weitere „Wasser-Wörter": auf, und, ein, arm, auch, ich, aus, ...

15 Ja und nein *Entspannung*

Wieder stehen alle Kinder an ihren Plätzen. Die Lehrerin stellt jetzt nacheinander lauter unmögliche Fragen, die die Kinder, je nachdem, mit heftigem Kopfschütteln oder Nicken beantworten.
Also vielleicht: „Hast du schon mal eine Wärmflasche zum Frühstück gegessen?" Alle schütteln energisch ihre Köpfe. „Findest du auch, dass Kinder viel zu viele Hausaufgaben machen müssen?" Alle, bis auf die eifrige Helene, nicken mit ihren Köpfen. So geht das eine Weile weiter, bis alle Kinder genügend gelacht und ihre Nackenmuskulatur entkrampft haben.

16 Namenquiz *Wer bist denn du?*

Die Lehrerin ruft einen beliebigen Schüler mit dem Nachnamen auf, zum Beispiel „Fräulein Gerhofer!"
Die aufgerufene Schülerin steht auf.
Wer den Vornamen der Schülerin zuerst laut ruft, gewinnt.
Fräulein Gerhofer setzt sich wieder auf ihren Platz und das Kind, das den Vornamen wusste, ruft nun ein weiteres beim Nachnamen auf, zum Beispiel: „Frau Müller!"

17 Sammelsurium *Aufwärmspiel*

Alle Kinder sitzen auf ihren Plätzen. Die Lehrerin gibt jetzt einen Suchbegriff vor, zum Beispiel „Alles, was rot ist!" Jedes Kind nennt einen passenden Begriff, vielleicht: Radieschen, Blut, Himbeeren, Dachziegel, ...
Wer einen Begriff genannt hat, steht auf.
Wenn alle Kinder stehen, wird der nächste Suchbegriff vorgegeben, z. B.: „Alles, was kleiner ist, als eine Streichholzschachtel". Diesmal darf sich jedes Kind, das einen passenden Begriff, zum Beispiel: Marienkäfer, Büroklammer, Reiskorn, ... nennt, wieder hinsetzen.
Je schneller gespielt wird, umso spannender das Spiel!

18 Das Monsterspiel *Entspannung*

Ab und zu verwandeln sich ganz brave Schüler in grässliche, Wut schnaubende Monster, und zwar so: die Stirn runzeln, die Zähne fletschen oder zusammenbeißen, dabei so richtig finster schauen und gefährlich knurren. Aber der Monsterzauber dauert höchstens eine Minute, danach werden die Muskeln entspannt und jeder zeigt ein friedliches, glückliches Lächeln. Die Kinder entspannen dabei ihre Gesichts- und Schultermuskeln. Das tut gut und macht fröhlich!

19 Der Thron *Überraschung!*

Ein ausrangierter Stuhl wird mit bunten Farben angemalt und so zum Thron der Klasse. Wer immer es verdient, darf einen Schultag lang auf dem Thron sitzen.
Kommt das Kind am Morgen ins Klassenzimmer, steht statt des normalen Stuhles der Thron an seinem Platz.
Auf dem Thron darf zum Beispiel ein Geburtstagskind sitzen oder ein Kind, das nach langer Krankheit zum ersten Mal wieder in der Schule ist, oder ein Kind, das eine besondere Leistung (speziell auch soziale Leistung) erbracht hat.

20 Der Kopfdrachen *Entspannung*

Die Kinder sitzen aufrecht an ihren Plätzen. Jetzt beschreibt jeder mit seinem Kopf die Form eines Drachen. Also zuerst gerade nach vorne schauen, dann den Kopf so weit wie möglich nach links drehen. Hier ist der erste Eckpunkt des Vierecks. Dann den Kopf schräg nach oben drehen und an die Decke schauen. Hier ist der zweite Eckpunkt. Jetzt schräg nach unten und dabei so weit wie möglich nach rechts. Dann schräg nach unten zum letzten Eckpunkt des Drachens, wieder nach ganz links und zuletzt zurück zum Ausgangspunkt.
In der nächsten Entspannungspause beschreiben die Kinder dann ein Riesen-Ei mit ihren Köpfen oder eine riesige Tafel Schokolade oder ein Herz oder ...

21 Auf dein Wohl, Marie! *Überraschung!*

Kurz vor der Pause oder am Ende des Unterrichtstages, bekommt jeder Schüler einen Pappbecher mit einem Schluck Saft (Limo, Mineralwasser, ...). Dann erheben alle die Gläser und stoßen gemeinsam auf den Erfolg eines Kindes an, z. B. auf eine gute Note, auf die Tapferkeit eines Schülers, auf das Tor, das der Mittelstürmer beim Spiel gegen die gefürchtete Parallelklasse geschossen hat, auf eine besondere soziale Tat eines Mitschülers und was es sonst noch so zu feiern gibt. Auf dein Wohl, Marie!

22 Spinnenspaziergang *Entspannung*

Alle Kinder stellen sich vor, ihre Hände seien riesige, fünfbeinige Vogelspinnen. Klar, dass diese Tiere nicht stillhalten, sondern sofort auf den Tischen herumkrabbeln. Und nicht nur auf den Tischen! Die linke Spinne krabbelt den rechten Arm hinauf, während die rechte den linken Arm hinaufkrabbelt. Manche machen nicht mal vor dem Banknachbarn Halt und krabbeln gleich weiter. Allerdings müssen alle Spinnenbesitzer auf ihren Plätzen sitzen bleiben und damit ist die Reichweite der Spinnenspaziergänge begrenzt. Nach einer Weile werden die agilen Tierchen immer müder und schließlich verwandeln sie sich wieder in ganz normale Kinderhände.

23 Die Buchstabenwärter *Deutsch*

Jedem Schüler wird ein Buchstabe zugewiesen, den er sich gut merken soll. Die Lehrerin nennt jetzt verschiedene Merkwörter, zum Beispiel: „Karton“. Sofort stehen alle Kinder auf, deren Buchstaben in diesem Wort enthalten sind und buchstabieren das Wort gemeinsam, also:
K, a, r, t, o, n.
Kommt ein Buchstabe im Merkwort mehrmals vor, wird er natürlich auch von dem betreffenden Buchstabenwärter mehrmals genannt.

Tipp: Gleich das nächste Wort nennen und mit viel Schwung schnell spielen!

24 Wünsche am laufenden Band *Überraschung!*

Ein Spiel, das zum Beispiel bei der Begrüßung eines neuen Schülers zum Einsatz kommt.
Jedes Kind steht auf, nennt seinen Vornamen und äußert einen Wunsch für den Neuen bzw. das Kind, das heute im Mittelpunkt steht, der mit dem Anfangsbuchstaben seines Vornamens beginnt, also z. B.:
„Ich heiße Nicolas und wünsche dir einen netten Nachbarn im Schulbus.“
Der zweite Schüler wiederholt, was sein Vorgänger gesagt hat und nennt dann seinen Namen und seinen Wunsch:
„Der Nicolas wünscht dir einen netten Nachbarn. Ich heiße Timo und wünsche dir Spaß beim Turnen.“
Natürlich wird das Spiel immer schwieriger und schwieriger und wahrscheinlich müssen alle mithelfen, wenn der neue Schüler am Ende alle Namen und alle Wünsche aufzählen soll.

25 Was hängt bei uns am Weihnachtsbaum? *Deutsch*

Alle Schüler sitzen auf ihren Plätzen. Die Lehrerin stellt nun eine Frage, wie zum Beispiel: „Was hängt bei uns am Weihnachtsbaum?“ und geht zügig durch das Klassenzimmer. Dabei deutet sie auf verschiedene Schüler, die sofort eine entsprechende Antwort geben. Sind die Mitschüler und die Lehrerin zufrieden, darf der jeweilige Schüler aufstehen. Hat jeder einen Begriff genannt – und da kommen die erstaunlichsten Ergebnisse zustande – wird eine nächste Frage gestellt.
Diesmal dürfen sich die Schüler setzen, sobald sie an der Reihe waren.
Auf diese Weise wird der Wortschatz erweitert und die Schlagfertigkeit trainiert.

26 Zur Ruhe klatschen *Entspannung*

So wird eine aufgekratzte Schülerschar schnell wieder ruhig:
Die Lehrerin überlegt sich ein Lied, von dem sie weiß, dass es alle Schüler kennen. Jetzt beginnt sie (egal wie laut es im Klassenzimmer ist), den Rhythmus dieses Liedes zu klatschen. Wer von den Mitschülern meint, das Lied zu erkennen, verrät nichts, klatscht aber gleich mit. So wird die Gemeinschaft der Klatschenden immer größer und natürlich auch lauter. Für die Kinder, die das Lied nicht erkannt haben, singt es die Klasse am Schluss gemeinsam vor und klatscht den Rhythmus dabei mit.

27 Ich wünsch dir was *Überraschung!*

Jedes Kind erhält von der Lehrerin ein Teelicht, zündet es an, stellt es dem Geburtstagskind auf den Platz und wünscht ihm z. B.
... dass du dein Fahrrad wieder findest,
... dass du einen Einser in der Matheprobe hast,
... dass du in den Judoclub aufgenommen wirst,
... dass du eine Kiste Goldtaler findest,
... dass du deinen Schnupfen bald loswirst
usw.
Sind alle Wünsche geäußert, holt das Geburtstagskind tief Luft und bläst die Kerzen aus.

Tipp: Willkommen!

Begrüßen Sie ein Kind, das zum Beispiel nach einem Krankenhausaufenthalt in die Schule zurückkehrt, mit einem riesigen Plakat an der Klassenzimmertür:
„Willkommen zurück, Liane" oder „Endlich bist du wieder bei uns, Liane", ...
Genauso freuen sich natürlich Geburtstagskinder über eine besondere Begrüßung am Morgen.

28 Die Nasenbären *Ein bisschen Quatsch*

Ein Schüler hält sich die Nase zu und redet irgendeinen Unsinn, und weil das so lustig klingt, machen das die anderen natürlich gleich nach. Es entsteht eine lebhafte Unterhaltung in Nasensprache, die zwar niemandem etwas nützt, aber die ganze Klasse ist für ein paar Minuten auf fröhliche Weise beschäftigt.
Ja und morgen verwandeln sich die Kinder nicht in Nasenbären, sondern vielleicht in Breitmaulfrösche und quaken sich ihre Späße gegenseitig vor.

29 Klassenmutation *Ein bisschen Quatsch*

Einem Kind, das heute besondere Aufmerksamkeit verdient, wird als Zeichen seiner Zauberkraft der Zauberhut (Mütze, Baseballkappe, ...) aufgesetzt. Sobald das Kind miaut, verwandeln sich alle Mitschüler augenblicklich in Katzen, die lauthals miauen und schnurren. Dann wird gekräht, gequakt, gemuht und alle Schüler verwandeln sich immer brav in die jeweiligen Tiere. Ganz besonders viel Vergnügen macht dieses Spiel natürlich, wenn sich nicht nur die Mitschüler, sondern auch die Lehrerin verwandelt.

30 Vorgänger gesucht *Deutsch*

Für alle, die morgens immer noch müde sind: Hier kommt ein Aufwachspiel! Gesucht werden die Buchstabenvorgänger im Alphabet:
Die Lehrerin beginnt und nennt einen beliebigen Buchstaben, z. B.: „H". Wer jetzt als Schnellster „G" ruft, hat gewonnen und macht sofort weiter: „L" ruft er ganz laut und muss bestimmt nicht lange warten, bis ein Mitschüler „K" schreit und damit seinerseits die Spielleitung übernimmt. Je schneller gespielt wird, umso lustiger und spannender wird es. Nach ein paar Minuten sind alle hellwach und der Unterricht kann beginnen.

31 Guten Morgen, Geburtstagskind! *Überraschung!*

Der Platz des Geburtstagskindes erstrahlt heute in besonderem Licht. Je nach Gegebenheit, Klassentradition, finanziellen und zeitlichen Möglichkeiten könnte man den Platz z. B. so dekorieren:

- ➔ Ein goldenes Deckchen (Tortenspitze mit Goldspray ansprühen) liegt auf dem Tisch.
- ➔ Ein Kerzlein brennt.
- ➔ Mindestens ein Luftballon baumelt an einem bunten Bändchen am Stuhl des Geburtstagskindes.
- ➔ Eine Geburtstagskrone bzw. der Geburtstagsorden liegt bereit.
- ➔ Eine kleine Vase mit Blumen steht auf dem Tisch.
- ➔ Ein Geburtstagstörtchen (fertig gekauftes Törtchen oder ersatzweise ein großer Schokokuss oder etwas ähnlich Erstrebenswertes) steht auf dem Tisch.

32 Plätze auswürfeln *Aufwärmspiel*

Na, dieser Tag geht ja schon wieder gut los! Auf jedem Platz klebt ein Zettelchen auf dem eine Zahl zwischen 1 und 6 steht. Wer heute das Klassenzimmer betritt, wird gleich ans Pult gebeten, wo jeder einmal würfeln darf. Je nach gewürfelter Augenzahl sucht sich der Schüler jetzt einen Platz aus, auf dem ein entsprechender Zettel liegt, denn vermutlich gibt es ja in einer großen Schülergruppe zumindest einige Zahlen mehrmals. So wird weitergespielt, bis jedes Kind seinen Platz für diese Stunde oder ggf. auch für den Schultag erwürfelt hat.

Tipp: Sitzplan

Zeichnen Sie einen Sitzplan auf stabiles Tonpapier. Laminieren Sie den Plan und tragen Sie die Namen der Kinder stets nur mit wasserlöslichem Folienstift in den Plan ein.
Auf diese Weise ist der Sitzplan problemlos – je nach Bedarf – zu verändern.

33 Bingo! *Mathematik*

Jeder Schüler darf sich fünf verschiedene Zahlen aus dem Bereich 1 bis 20 auf seinen Block schreiben, z. B.: 3, 18, 15, 9, 19.
Die Lehrerin stellt nun nacheinander beliebige, einfache Rechenaufgaben, deren Ergebnisse in diesem Bereich liegen, beispielsweise 9 + 6 =
Sie ruft einen Schüler auf, der die Aufgabe laut vorrechnet. Die Mitschüler vergleichen ihre Bingozahlen mit dem Ergebnis. Wer die entsprechende Zahl notiert hatte, darf sie jetzt auf seinem Block streichen. So wird weiter gerechnet, bis schließlich ein Schüler alle fünf Bingozahlen durchgestrichen hat. Er ruft laut „Bingo!“ und hat gewonnen.

34 Vorwärts – rückwärts *Deutsch*

Ein Kind beginnt das Spiel und sagt „A“. Das Nachbarkind sagt „B“, das nächste Kind „C“ usw. Plötzlich klatscht die Lehrerin in die Hände. Das bedeutet, das Aufsagen geht zwar in der richtigen Kinderreihenfolge weiter, jetzt jedoch rückwärts. Beim nächsten Mal Klatschen werden die Buchstaben wieder vorwärts aufgesagt.
Sobald die Kinder das Prinzip verstanden haben, wird die Geschwindigkeit erhöht. Wie schnell können die Buchstaben vorwärts und rückwärts aufgesagt werden?
Natürlich kann das Spiel auch mit Zahlen durchgeführt werden. Je nachdem, welcher Zahlenraum erarbeitet ist, zählen die Kinder: 1, 2, 3, ... oder 10, 20, 30, ... oder 20, 21, 22, ... oder 3, 6, 9, ...

35 Kreuz und quer durchs Lesebuch *Aufwärmspiel/Konzentration*

Ein Spiel zum Wach- und Warmwerden! Jedes Kind hat das Lesebuch vor sich. Jetzt stellt die Lehrerin schnell nacheinander verschiedene Fragen. Wer eine Frage zuerst richtig beantwortet, merkt sich einen Punkt und wer zuerst drei Punkte hat, gewinnt das Spiel.
So könnten die Fragen lauten:

- ➔ Wie heißt das erste Wort auf Seite 145?
- ➔ Auf welcher Seite beginnt das Lesestück „Lilli Löfflers Luftschloss“?
- ➔ Mit welchem Wort endet das Gedicht „Die Tulpe“?
- ➔ Wie heißt der erste Mädchenname im Lesestück „Am Bach“?
- ➔ Wer hat das Gedicht „Hansi Hamster“ geschrieben?
- ➔ ...

36 Entspannung mit Musik — *Entspannung*

Alle Schüler lümmeln gemütlich auf ihren Stühlen.

Die Lehrerin fordert sie auf, die Augen zu schließen. Dann erklärt sie den Kindern, dass sie nun Musik hören werden, die ihre Fantasie auf die Reise schickt.

Sie sollen ihren Gedanken freien Lauf lassen. Nach fünf Minuten lässt man die Musik behutsam verklingen. Wenn die Lehrerin es will, dürfen die Schüler jetzt von den Bildern und Empfindungen, die ihnen zur Musik durch den Kopf gegangen sind, der Gruppe erzählen.

37 Witz komm raus! — *Ein bisschen Quatsch*

Irgendwann kommt jede Grundschulklasse in die Witze-Phase. Kein Wunder also, dass eine Witze-Erzähl-Runde zu den häufig geäußerten Wünschen für kleine fröhliche Zwischenzeiten gehört. Eine Witze-Erzähl-Runde kommt schnell in Gang, wenn man erst mal ein paar Witze hört. Darum ist es für die Lehrerin sinnvoll, ein paar Kinderwitze „in petto" zu haben. Zuerst liest also die Lehrerin ein paar „Anheizer" vor und dann läuft alles andere meistens von allein weiter.

38 Unsichtbar verreisen — *Entspannung*

Aufgedrehte Schüler werden schnell wieder ruhig, wenn man mit ihnen auf Gedankenreise geht.

Alle Schüler sitzen gemütlich auf ihren Plätzen und schließen die Augen. Dann beschreibt die Lehrerin eine Fahrt (Flug, Wanderung) an einen außergewöhnlichen Ort, z. B. in die Weihnachtswerkstatt vom Nikolaus, in die gute Stube der Sieben Zwerge, wo Schneewittchen gerade Tee kocht, in ein Indianerzeltlager, ...

Den Schülern wird erklärt, dass sie selbst alles sehen, hören, riechen und fühlen können, jedoch von den Personen oder Tieren nicht entdeckt werden können, weil sie unsichtbar sind.

Nach einer Weile reisen die Kinder wieder zurück ins Klassenzimmer, öffnen ihre Augen und wer will, darf erzählen, was er in seiner Vorstellung noch so alles gesehen hat.

39 Supermen & Superwomen *Powerkids*

Die Kinder stehen an ihren Plätzen und dürfen sich jetzt mal wie ganz starke Helden fühlen. Jeder zeigt seine Muskelpakete, besonders die Oberarmmuskeln, streckt die Brust raus und klopft sich selbst anerkennend darauf.

Wer will, darf dazu noch erzählen, zu welchen fantastischen Leistungen er fähig ist, wie er etwa mit Felsblöcken um sich wirft, in Seenot geratene Schiffe mit einer Hand ans Land zieht, Bäume wie Streichhölzer knickt und ähnliches.

Tipp: Loben im Detail

Wenn ein Schüler etwas macht, das Ihnen Freude bereitet, sagen Sie dem Kind das so genau wie möglich. Also nicht: „Gut gemacht!", sondern „Ich freue mich, wenn ich etwas von dir lese, weil du dir jetzt beim Schreiben so viel Mühe gibst." „Ich bin stolz darauf, dass du dir deine Hausaufgaben so zuverlässig und übersichtlich aufschreibst."

40 Versteckt! *Konzentration*

Vor dem Unterricht versteckt die Lehrerin zum Beispiel einen kleinen Teddybären, einen Wecker oder einen anderen Gegenstand, der bestimmt nicht ins Klassenzimmer gehört, irgendwo im Zimmer, aber so, dass man ihn sehen kann. Ein gutes Versteck wäre zum Beispiel auf der Vorhangstange, aber das Ding hinter dem Vorhang zu verstecken, gilt nicht.
Irgendwann am Vormittag, wenn die Lehrerin meint, dass die Schüler eine kleine Pause brauchen, lädt sie zum Versteckspielen ein. Die Kinder müssen auf ihren Plätzen bleiben und sollen von hier aus das Klassenzimmer nach dem versteckten Ding absuchen. Wer es zuerst findet, gewinnt so viele Gummibärchen, dass er jedem Mitspieler eines schenken kann.

41 Einer singt falsch *Ein bisschen Quatsch*

Ein Kind hört mit geschlossenen Augen zu, wie alle anderen gemeinsam ein Lied singen. Ein Schüler aber – er wurde vorher bestimmt – singt laut ein anderes Lied. Kann das „blinde“ Kind heraushören, wer das ist?

42 Die Tiergesellschaft *Konzentration*

Bei diesem Spiel müssen alle Kinder gut aufpassen, denn wer sich verhaspelt oder nicht mehr weiter weiß, scheidet aus!
Ein Kind, dem heute besondere Aufmerksamkeit gebührt, beginnt den Spaß und sagt vielleicht: „Eine Katze macht miau.“ Der nächste Spieler sagt: „Eine Katze macht miau. Eine Ente macht quak.“ Der dritte Spieler wiederholt alle vorher genannten Tiere und fügt vielleicht noch eine Kuh hinzu: „Eine Katze macht miau, eine Ente macht quak und eine Kuh macht muh.“
Selbstverständlich dürfen auch mehrere Tiere einer Gattung in unserer Aufzählung dabei sein. Eine zweite Ente vielleicht? Dann heißt der Satz: „Eine Katze macht miau, zwei Enten machen quak-quak, eine Kuh macht muh usw. Wer das Spiel am längsten durchhält, darf sich über Applaus der Mitschülerinnen und Mitschüler freuen.

43 Das Aufweck-Spiel *Powerkids*

Noch ein Spiel, um müde Kinder wieder munter zu machen: Die Spielregeln müssen vorher einmal erklärt werden.
Irgendwann während des Unterrichts, zaubert die Lehrerin einen kleinen Ball aus ihrer Tasche, wirft ihn einem müden Schüler zu und ruft: „Aufgepasst!“
Der Schüler hat nun drei Sekunden Zeit, den Ball seinerseits mit dem Ausruf „Aufgepasst!“ einem Mitschüler zuzuwerfen. Spätestens jetzt sind alle Schüler wieder voll bei der Sache, denn jeder ist ja in Gefahr, den Ball als Nächster zugeworfen zu bekommen. So fliegt der Ball in Windeseile von Schüler zu Schüler und verschwindet, sobald er seine Aufgabe erfüllt hat, wieder in der Tasche der Lehrerin, wo er brav auf seinen nächsten Einsatz wartet.

Tipp: Werfen Sie statt des Balls auch einmal etwas anderes zu, z. B. ein kleines Teddybärchen, einen feuchten Schwamm, ein kleines Kissen, eine Orange, ein Wollknäuel, einen leeren Karton, …

44 Punkt für Punkt *Deutsch*

Die Lehrerin fordert das erste Kind auf, einen beliebigen Gegenstand aus seiner Schultasche zu holen und vorzuzeigen. Das Kind folgt der Anweisung und zeigt vielleicht einen Bleistift her.
Die Lehrerin zerlegt das Wort „Bleistift“ still und heimlich in Sprechsilben, also „Blei – stift“ und sagt dann laut, dass sich das Kind zwei Punkte notieren darf. Das nächste Kind zeigt vielleicht einen Radiergummi und bekommt von der Lehrerin vier Punkte. „Ungerecht“, werden die Kinder denken, aber bestimmt kommt bald einer nach dem anderen auf das System und zeigt dann nur noch die Dinge vor, die möglichst viele Silben haben. Wer zuerst zehn Punkte auf seinem Spielkonto hat, gewinnt und erklärt zur Sicherheit noch einmal das Punkteverteilungsprinzip.

45 Auf die Plätze! *Deutsch*

Jetzt werden Wörter gesucht, in denen das Wort „Platz“ vorkommt. Abwechselnd nennt jeder Schüler der Gruppe ein Wort. Wer kein weiteres mehr weiß, ruft einen Mitschüler zu Hilfe. Also beispielsweise: Spielplatz, Platzregen, Sportplatz, Platzwunde, Dorfplatz, Flugplatz, ...

46 Spiel mit Hut *Konzentration*

Ein Konzentrationsspiel für Gedächtniskünstler. Ein Kind beginnt, setzt sich den Hut auf den Kopf und sagt zum Beispiel: „Ich bin der **K**uno und gehe ins **K**ino!“ Dann nimmt der Nächste den Hut und sagt: „Ich bin der **H**arry, hole den Kuno vom Kino ab und gehe mit ihm ins **H**allenbad!“
Das nächste Kind sagt mit Hut auf dem Kopf vielleicht: „Ich bin der **P**epi, hole Kuno und Harry im Hallenbad ab und gehe mit ihnen in den **P**ark!“ In wen verwandelt sich der nächste Spieler und was hat er mit Kuno, Harry und Pepi vor?

47 Die Weltreise *Deutsch*

Alle Spieler begeben sich nun zusammen auf Weltreise. Wie die Reiseroute verläuft, weiß jetzt noch niemand. Man darf also gespannt sein! Der erste Spieler nennt einen beliebigen Ort oder ein beliebiges Land, z. B.:

„Ungarn“. Der nächste Spieler sucht nach einem passenden Ort mit dem letzten Buchstaben des vorausgehenden Begriffs, in unserem Fall also mit „N“ und sagt vielleicht „Nürnberg“. Jetzt muss der dritte Spieler einen Ort mit „G“ aussuchen, usw. Schwieriger wird das Spiel, wenn man vorher ausmacht, dass alle genannten Orte stets wiederholt werden müssen. Wer dann die Kette der Reiseorte nicht mehr ganz aufzählen kann, scheidet aus. Am Ende wird dann nur noch ein Reisender unterwegs sein.

Zusatzaufgabe: Die genannten Orte mit Hilfe der Lehrerin auf einer Weltkarte zeigen.

48 Was ich so gerne mag *Konzentration*

Jedes Kind überlegt sich etwas, das es gerne mag und das mit dem ersten Buchstaben seines Namens beginnt, zum Beispiel: Florian spielt gerne Fußball, Theresa mag Tennisspielen, Kevin mag Kiwis, usw.
Wer will, kann ein schwieriges Gedächtnisspiel nach Art des bekannten „Kofferpackens“ anschließen.
Jetzt sagt ein Kind einen Satz, zum Beispiel: „Ich heiße Katrin und mag Kekse“. Der zweite Schüler wiederholt den ersten Satz: „Katrin mag Kekse“ und fügt seinen Satz an: „Ich heiße Timo und mag Torten“.
So wird weitergespielt, bis sich ein Schüler verhaspelt oder nicht mehr weiter weiß. Er darf sich einen Mitschüler aussuchen, der ihm hilft, die Reihenfolge richtig aufzuzählen.

49 Jagd auf den Nachbarn *Deutsch*

Jeder Schüler hat den gleichen Text (z. B. Nachschriftentext) vor sich liegen. Nachdem er mehrmals gelesen und inhaltlich geklärt wurde, kann die Jagd auf den Wort-Nachbarn beginnen. Die Lehrerin liest ein beliebiges Wort aus dem Text vor. Alle Schüler suchen nun so schnell wie möglich das genannte Wort. Wer zuerst den rechten Wort-Nachbarn laut rufen kann, darf für seine Gruppe einen Punkt notieren.
Sofort geht das Spiel weiter. Nach etwa 30 auf diese Weise gejagten Wörtern wird die beste Jägergruppe festgestellt und dadurch belohnt, dass sie bestimmen darf, wer in der nächsten Spielrunde die Rolle des Spielleiters übernehmen darf.

50 Das Wörterrennen *Deutsch*

Jede Kleingruppe erhält einen Anfangsbuchstaben und eine Zahl, die angibt, wie viele Buchstaben die Wörter haben sollen, nach denen sie suchen soll. Zum Beispiel:

Gruppe 1	**Gruppe 2**	**Gruppe 3**	**Gruppe 4**
B 5	**A 3**	**H 4**	**K 5**
Birne	Arm	Hase	Katze
Beruf	Ast	Hemd	Krähe
Buche	Ali	Herd	König

Die Kinder haben fünf Minuten Zeit, so viele passende Beispiele wie möglich zu finden. Dann darf jede Gruppe ihre Wörter vorlesen und es gewinnt natürlich die Gruppe, die die meisten Wörter gefunden hat.

Variation: Jede Gruppe sucht Wörter mit dem gleichen Anfangsbuchstaben, jedoch mit unterschiedlicher Buchstabenanzahl, zum Beispiel:

Gruppe 1	**Gruppe 2**	**Gruppe 3**	**Gruppe 4**
K 4	**K 5**	**K 6**	**K 7**
Kern	Kerze	Kissen	kraulen
Kurt	Kübel	Kürbis	Königin

51 Alle Achtung! *Konzentration*

„Augen zu!“ Während ein Kind die Augen fest geschlossen hält, und sein Gesicht auf die verschränkten Arme legt, stellen ihm die Mitschüler Fragen, zum Beispiel:
„Welche Farbe hat der Gürtel von Frau Zick?“
„Trägt die Mia heute Zöpfe oder einen Pferdeschwanz?“
Sie werden staunen, was da alles geantwortet wird! Aber abwarten! Man merkt erst, wie schwierig das Spiel ist, wenn man selber an der Reihe ist.

52 8x8 *Mathematik*

Wieder spielen die Schüler in Gruppen zu vier oder fünf Kindern zusammen. Der Reihe nach wird mit zwei Würfeln gewürfelt. Alle Zahlen bis auf die „Acht“ sind in diesem Spiel egal. Aber die gewürfelten „Achter“ (2 + 6; 5 + 3; 4 + 4) werden gezählt. Wer die achte Acht würfelt, hat gewonnen.
Klar, dass man die Zielzahl auch ändern kann. Beim nächsten Mal gewinnt, wer die siebte Sieben (6 + 1; 5 + 2; 3 + 4) würfelt.

Tipp: Gruppen bilden

Gruppen in allen möglichen Größen können Sie prima mithilfe von Fotos der Schüler bilden.

Beispiel:
Die Kinder sollen in vier Gruppen aufgeteilt werden. Stapeln Sie dazu alle Fotos so aufeinander, dass die Bilder nach unten schauen und Sie nur die Rückseite des obersten Fotos auf dem Packen sehen können. Jetzt teilen Sie die Fotos vor sich auf den Tisch wie Spielkarten an vier imaginäre Spieler aus.
So, und dann wird's spannend. Jeder Stapel wird umgedreht und die Kinder wissen schnell, wer hier in welcher Gruppe zusammenarbeitet.

53 Tisch abpusten *Powerkids*

Ein Spiel, das ganz nebenbei hilft, überschüssige Energie abzubauen, tief durchzuatmen und auf diese Weise zu entspannen.
Auf dem Tisch liegen zehn kleine Gegenstände, zum Beispiel eine Büroklammer, eine Filzstiftkappe, ein Bleistift usw. Diese Dinge gilt es nun mit kräftiger Puste und im Höllentempo vom Tisch zu blasen. Eine halbe Minute Zeit hat der Schüler, den Tisch auf diese Weise „abzuräumen“. Ein Mitspieler kontrolliert mit einer Stoppuhr. Für jeden Gegenstand, den der Spieler vom Tisch gepustet hat, erhält er einen Punkt und es gewinnt natürlich derjenige, der die meisten Punkte erzielt.

Tipp: Man kann das Spiel noch erweitern, indem ein spezieller Abfangjäger die Aufgabe bekommt, alle Dinge, die vom Tisch gepustet werden, in einer Schachtel aufzufangen, bevor sie am Boden liegen.

54 Wenn ich ein Vöglein wär … *Deutsch*

Die Klasse wird in zwei Gruppen aufgeteilt. An der Tafel steht ein „Wenn-dann"-Satz, zum Beispiel: „Wenn ich zu viel fernsehe, dann schimpft mich meine Mama." Nun sollen sich alle Kinder „Wenn-dann"-Sätze überlegen, aber die Kinder der Gruppe A schreiben nur die „Wenn ich"-Halbsätze auf und die Kinder der Gruppe B notieren die „Dann"-Halbsätze auf ihren Blöcken. Sind alle fertig, darf immer ein Kind der A-Gruppe einen Halbsatz vorlesen und ein Kind der B-Gruppe den zweiten Teil des Satzes. Was dabei herauskommt, klingt lustig: „Wenn ich ein Vöglein wär', dann darf ich nur noch Kamillentee trinken.", oder „Wenn ich heute Geburtstag hätte, dann müsste ich meinen Babybruder wickeln."

55 Zauberspruch *Mathematik*

Mit dem Zauberspruch ist das Erraten bzw. Bestimmen einer Rechenaufgabe gemeint, die zu einer bestimmten geheimen Zauberzahl passt.
Ein Schüler, der Zauberer, schreibt sich eine beliebige Zahl im vorgegebenen Zahlenraum auf einen Zettel, z. B. 12.
Ein Kind nach dem anderen stellt nun eine Rechenaufgabe, z. B. 4 + 5. Der Zauberer und alle anderen Schüler rechnen im Kopf. In unserem Fall antwortet der Zauberer mit „Die Zauberzahl ist größer". Ein Spieler notiert an der Tafel oder auf einem Zettel, der für jeden der Gruppe sichtbar ausliegt: „ZZ > 9".
Eine Aufgabe nach der anderen wird gestellt und die Zauberzahl auf diese Weise eingekreist. Bis ein Schüler den passenden Zauberspruch, z. B. 8 + 4 ruft und der Zauberer zum Beweis der Richtigkeit seinen Zettel mit der notierten Zauberzahl vorzeigt.

56 Gruppen-Reime *Deutsch*

Ein Spieler der Gruppe gibt ein Wort vor, z. B. „Schnee". Nun muss abwechselnd jeder Mitspieler ein Wort nennen, das sich auf „Schnee" reimt, also vielleicht: Klee, Reh, See, weh, Fee usw. Wer kein weiteres Reimwort weiß, scheidet aus. Wer als Sieger übrig bleibt, darf das nächste Wort vorgeben.

57 Lillis Lieblingszahlen *Mathematik*

Lilli hat eine Vorliebe für Zahlen, wie: 12, 45, 30, 9 und 216. Wer kann noch weitere Zahlen nennen, die Lilli gefallen würden?
(Lösung: Lilli liebt Zahlen, die durch 3 teilbar sind. Weitere Lieblingszahlen wären also z. B.: 6, 57, 15, 33, ...)
Aber auch Willi hat ganz bestimmte Lieblingszahlen, nämlich: 4, 14, 40, 401, 304, 84, ... und besonders mag er die Zahl 444!
Jeder Schüler darf den anderen ein Lieblingszahl-Rätsel stellen, zum Beispiel:
6, 42, 84, 14, 28, ... oder 31, 5, 73, 111, 81, 7, ... oder 30, 640, 80, 10, 7750, ...

58 Fantasieküche *Deutsch*

Die Lehrerin gibt eine beliebige Schlagzeile vor, z. B. „Elefant verirrt sich in Klassenzimmer!“
Ein Schüler liest laut die Schlagzeile vor. Sein rechter Nachbar nimmt diese Schlagzeile für bare Münze und erzählt von der Gegebenheit, frei nach seiner Fantasie. Nach ein paar Sätzen erzählt sein rechter Nachbar die Geschichte weiter, hält also alles bisher Gesagte für wahr und schmückt nun hier und da noch etwas aus und fabuliert weiter.
So zieht sich die Geschichte von Mitspieler zu Mitspieler, bis sie einmal im Kreis gewandert ist.
Die Erfahrung zeigt, dass unsere Fantasie zu unglaublichen Leistungen fähig ist und, einmal angeregt, immer weitere Kreise zieht und die Geschehnisse immer sensationeller werden.

59 Klapperdosen *Konzentration*

Fordern Sie die Schüler auf, die gelben Plastikkapseln aus dem Inneren von Überraschungseiern zu sammeln. Sind zehn oder gar mehr solcher Mini-Dosen zusammen, füllt man jeweils zwei mit dem gleichen Inhalt, zum Beispiel: je eine kleine Murmel, jeweils einen Teelöffel voll Reiskörner, jeweils drei Büroklammern, ...

Gespielt wird in Gruppen und zwar so:

Abwechselnd darf jeder Spieler zwei Kapseln aufnehmen und schütteln. Klingt der Inhalt ungleich, legt man die Döschen wieder an ihre Plätze zurück und der nächste Spieler ist an der Reihe.

Klingt der Inhalt gleich und auch die Mitspieler sind dieser Meinung, dürfen die Döschen geöffnet werden. Stimmt die Vermutung, darf der Spieler diese beiden Behälter aus dem Spiel nehmen und gleich noch mal sein Glück versuchen.

Es gewinnt, wer am Ende die meisten gelben Klapperdosen erbeutet hat.

60 Lang und länger *Deutsch*

Die Lehrerin gibt einen kurzen Satz vor, z. B. „Opa isst." Wer kann diesen Satz nachsprechen? Na, das können sicherlich alle. Jetzt wird die Sache aber langsam schwieriger, weil die Lehrerin immer wieder ein neues Wort anfügt: „Opa isst Kekse." Wahrscheinlich können immer noch alle Kinder den Satz behalten. Aber wie ist das jetzt? „Der liebe, hungrige Opa isst knusprige Kekse." Und wer kann diesen letzten Satz noch nachsprechen? „Der liebe, hungrige Opa isst jeden Abend vor dem Schlafengehen noch mindestens zwanzig knusprige, von der Oma selbst gebackene Kekse."

61 Welcher Buchstabe fehlt? *Konzentration*

Ein Schüler bereitet das Rätsel für seine Gruppe vor.
Er holt aus einem Setzkasten acht verschiedene Buchstaben und legt sie auf ein weißes Blatt Papier. Dann holt er aus dem zweiten Setzkasten die gleichen Buchstaben, behält aber einen in seiner Hand. Die anderen legt er durcheinander auf ein zweites Blatt.
So, nun dürfen die restlichen Gruppenmitglieder die Buchstaben schnell vergleichen. Wer kann als erster sagen, welcher Buchstabe fehlt? Der Sieger gibt das nächste Rätsel vor.
Level 1: Nur große Buchstaben
Level 2: Groß- und Kleinbuchstaben
Level 3: Wörter

62 Von 1 bis 6 und zurück *Mathematik*

Einen Würfel, Papier, Stift und Bleistift braucht man für dieses Spiel. Reihum wird gewürfelt. Jede Zahl von 1 bis 6 wird neben dem Namen des Würflers notiert, bis die Zahlenreihe komplett ist. Würfelt ein Spieler eine Zahl mehrmals, wird das nicht berücksichtigt.
Stehen schließlich bei einem Würfler die Zahlen von 1–6 komplett auf dem Zettel, geht das Spiel für ihn rückwärts weiter. Jetzt wird jede Zahl, die fällt, auf dem Papier durchgestrichen.
Es gewinnt das Kind, das zuerst alle sechs Zahlen durchgestrichen hat.

63 Das Buchstabenrätsel I

Konzentration/Deutsch

Die Spieler schließen ihre Augen und legen ihre Köpfe in die verschränkten Arme auf den Tisch. Ein Spieler überlegt sich einen beliebigen Buchstaben oder eine Zahl und schreibt ihn, von den Mitspielern nicht sichtbar, als sehr großen Druckbuchstaben auf den Block. Dann nimmt er einen Farbstift und spurt den Buchstaben nach, während er den Mitspielern genau beschreibt, wie er seinen Stift lenkt. Wer zuerst errät, welcher Buchstabe da geschrieben wurde, gewinnt und schreibt den nächsten Buchstaben auf.

64 Das Buchstabenrätsel II

Konzentration/Deutsch

Auf dem Tisch steht eine Schachtel, in der sich unsichtbare Knetmasse befindet. Zuerst greift die Lehrerin in die Schachtel, holt eine Handvoll unsichtbare Knete heraus und formt vor den Augen der Kinder einen Buchstaben daraus.
Wer ihn zuerst erkennt, darf den nächsten unsichtbaren Buchstaben formen.

65 Rate mal!

Mathematik

In einer durchsichtigen Plastiktüte oder in einem Körbchen liegen viele Kastanien (Steine, Bonbons, Stifte, Büroklammern, Handschuhe, ...) Wie viele genau, weiß nur die Lehrerin (oder ein vorher festgelegter Spieler aus der Gruppe). Sie geht von einem zum anderen Spieler und lässt ihn die genaue Anzahl der Dinge schätzen. Die Tipps notiert am besten ein „Assistent“ auf einem Zettel. Wer schätzt am besten?

Tipp: Fordern Sie die Kinder auf, von zu Hause abgezählte Dinge mitzubringen! Selbst die Anzahl der Streichhölzer in einer Streichholzschachtel oder die Anzahl der Puzzleteile in einer durchsichtigen Plastiktüte ist schon ganz schön schwierig zu schätzen.

66 Partnerporträts *Wer bist denn du?*

Am ersten Schultag wird jedes Kind aufgefordert, ein Bild seines Banknachbarn zu zeichnen. Die Schülerinnen und Schüler sitzen sich dabei gegenüber. Sie dürfen sich unterhalten und Fragen stellen, z. B. nach der Lieblingsfarbe, nach dem Lieblingsessen des Partners usw.

Sind die Bilder fertig, darf – wer sich traut – das Bild seines Partners vorzeigen und alles erzählen, was er in der kurzen Zeit über seinen Nachbarn erfahren hat.
Alle Bilder werden im Klassenzimmer aufgehängt. Gegebenenfalls wird dafür eine Schnur gespannt und die Bilder mit Büro- oder Wäscheklammern daran aufgehängt.

Tipp: Hat ein Kind keinen Partner, darf es Sie zeichnen (juhu) und Sie zeichnen das Kind. Das wird dann ganz besonders spannend, wenn es anschließend erzählen darf, was es so alles über Sie erfahren hat.

67 Mit den Fingern lesen *Deutsch*

Ein Kind wartet mit verbundenen Augen ganz gespannt, bis der Spielpartner ein kurzes Wort aus Fühlbuchstaben oder Buchstabenkeksen auf den Tisch gelegt hat, z. B. O M A

Ganz vorsichtig tastet der Fingerleser die Buchstaben ab. Kann er das Wort lesen?

68 Namen-Memory® *Wer bist denn du?*

Dieses besondere Memoryspiel wird in den ersten Schulwochen in Partnergruppen gespielt.

Briefkarten werden so zerschnitten, dass jede Karte vier Memorykärtchen ergibt.

Dann schreibt man jeweils auf ein Kärtchen den Vornamen eines Kindes und auf ein zweites Kärtchen den Nachnamen, zum Beispiel

Sabine	Stolz

Zum Spielen werden alle Kärtchen gemischt und mit der beschrifteten Seite nach unten auf dem Tisch oder dem Boden ausgelegt.

Gespielt wird wie beim allgemein bekannten Memory®. Ein Kind deckt zwei beliebige Kärtchen auf. Passen zufällig Vor- und Nachname zusammen, so darf der Spieler beide Kärtchen an sich nehmen und so lange weiterspielen, bis er zwei Kärtchen umdreht, die nicht zusammenpassen.

Am Ende, wenn alle Kärtchen ihre Besitzer gefunden haben, zählen beide Spieler nach, wie viele Kärtchen sie erbeutet haben. Natürlich gewinnt derjenige, der die meisten Kärtchen hat.

69 Das große Fressen *Mathematik*

Für dieses Spiel braucht man pro Spieler zehn Kärtchen aus festem Karton, die gleich groß und auf einer Seite mit je einer Zahl von eins bis zehn beschriftet sein müssen.
Die beiden Schüler mischen ihre Kärtchen gründlich und legen den Stapel verdeckt vor sich ab. Dann deckt jeder ein Kärtchen aus seinem Stapel auf. Wer das Kärtchen mit der höheren Zahl aufgedeckt hat, der sagt z. B. „Neun ist größer als drei!" und nimmt beide Kärtchen an sich. Haben beide Spieler die gleiche Karte aufgedeckt, z. B. *8* und *8,* so decken sie jeweils das nachfolgende Kärtchen darauf auf. Wessen Kärtchen jetzt höher ist, der „frisst" alle vier!
Das Spiel ist zu Ende, wenn der „Große" satt gefressen ist und der „Kleine" keine Kärtchen mehr hat. (Natürlich spuckt der „Große" dann die Hälfte seiner Beute wieder aus!)

70 Fünf-Finger-Stechen *Konzentration*

Ein Schüler legt seine Hand mit gespreizten Fingern auf den Tisch. Sein Partner stellt seinen Zeigefinger vor den Daumen des Freundes, schließt seine Augen und springt mit seinem Finger nacheinander über alle Finger. Natürlich darf er dabei die Finger des Freundes nicht treffen.

71 Roulette für zwanzig Finger *Mathematik*

Immer zwei Spieler können zu diesem Roulettespiel gegeneinander antreten. Zuerst wird ausgemacht, welcher Spieler für die geraden und welcher für die ungeraden Zahlen zuständig ist. Beide Spieler halten ihre Hände hinter dem Rücken versteckt. Gemeinsam sagen die beiden Roulettespieler: „Achtung, fertig, los!" und strecken sofort eine beliebige Anzahl von Fingern aus. Die ausgestreckten Finger beider Spieler werden zusammengezählt – ja, und dann kommt es darauf an, wer für welche Zahlensorte zuständig ist.
Vielleicht streckt Luisa fünf Finger nach vorne und ihre Freundin Emma vier. Das Ergebnis (5 + 4 = 9) ist ungerade. Es bekommt die Spielerin einen Pluspunkt, die für die ungeraden Zahlen zuständig ist.
Das Spiel geht sofort weiter und ein Endergebnis steht frühestens nach der zehnten Spielrunde fest.

72 Der Eigenschafts-Name *Wer bist denn du?*

Jedes Kind schreibt die Buchstaben seines Vornamens untereinander auf ein Blatt Papier. Dann tauschen die Banknachbarn die Blätter und jeder füllt senkrecht lauter Eigenschaften ein, von denen er meint, dass sie zum Nachbarn passen. Zum Beispiel:

M odern
A ffig
R ücksichtsvoll
K lug
U nternehmungslustig
S tark

73 Der Geldstrumpf *Mathematik*

Immer zwei Kinder spielen mit einem Geldstrumpf. Im Strumpf befinden sich verschiedene Münzen, jede Münzensorte kann durchaus auch öfters vertreten sein. Der erste Spieler fasst in den Geldstrumpf, nimmt eine Münze in die Hand, tastet sie ab und gibt dann ihren Wert an, z. B. „Das ist ein Euro". Er holt die Münze aus dem Strumpf und zeigt sie seinem Partner. Hat er richtig geraten, legt er die Münze vor sich auf den Tisch. War der angegebene Wert falsch, muss der Schüler die Münze wieder zurücklegen. Ist am Schluss des Spieles der Geldstrumpf leer, zählen die Spielpartner ihre erbeuteten Münzen. Der Wert der Münzen ist für die Punktewertung unwichtig. Es kommt nur darauf an, wie oft jeder Schüler richtig getastet hat.

74 Schnelldenker *Deutsch*

Ein Spieler überlegt sich ein deutsches Wort, das aus vier verschiedenen Buchstaben besteht, z. B. „Maus“. Der Spielpartner versucht dieses Wort zu erraten und nennt dazu Wörter mit vier verschiedenen Buchstaben. Der erste Spieler vergleicht das Fragewort mit seinem Merkwort und gibt die Anzahl der übereinstimmenden Buchstaben an. Es wird so lange weiter gespielt, bis der Spielpartner das richtige Wort nennt. Dann werden die Rollen getauscht und es gewinnt am Ende der Spieler, der das Geheimwort seines Spielpartners mit den wenigsten Vergleichswörtern erraten hat.

Beispiel:
Das Geheimwort heißt „Maus“.
Spieler B fragt: Post?
Spieler A gibt an: Ein Buchstabe stimmt.
Spieler B fragt: Glas?
Spieler A gibt an: Zwei Buchstaben stimmen.
Spieler B fragt: Igel?
Spieler A gibt an: Kein Buchstabe ist richtig.
Jetzt streicht Spieler B schon mal i, e, g, l und weiß (beim Vergleich mit dem Wort „Glas“), dass im Geheimwort ein a und ein s ist. Außerdem vergleicht er seine Ergebnisse mit „Post“ und streicht: p, o und t.
Spieler B fragt: Mast?
Spieler A gibt an: Drei Buchstaben richtig.
Da Spieler B bereits das t gestrichen hat, weiß er, dass sich im Geheimwort die Buchstaben: m, a, s befinden.
Spieler B fragt: Maus?
Spieler A gibt an: Wort erraten.

Tipp: Spieler B sollte das ganze Alphabet auf einen Zettel schreiben und dann jeweils die ausgeschiedenen Buchstaben durchstreichen. Außerdem ist es ratsam, die Fragewörter und die Anzahl der Treffer zu notieren, z. B. Post (1)

75 Gerade – ungerade *Mathematik*

Jede Partnergruppe braucht einen Stapel Kärtchen, auf denen jeweils eine Zahl zwischen 1 und 20 steht. Die Kärtchen werden gemischt und dann mit der beschrifteten Seite nach unten auf den Tisch gelegt. Spieler A sammelt alle geraden Kärtchen, Spieler B die ungeraden. A beginnt, dreht ein Kärtchen um und liest die Zahl darauf laut vor. Ist es eine gerade Zahl, darf Spieler A die Karte behalten. Andernfalls übergibt er sie seinem Partner. Dann ist Spieler B an der Reihe. Sollte er nun das Glück haben, ein Kärtchen mit einer ungeraden Zahl aufzudecken, darf er es an sich nehmen und hat somit schon zwei Karten und sein Partner noch keines. So wird weiter gespielt, bis einer der beiden alle seine Kärtchen in Besitz genommen hat.

76 Handlesen *Deutsch*

Während ein Schüler fest die Augen zuzwickt, schreibt ihm der Banknachbar einen Buchstaben oder ein Wort auf die Handinnenfläche. Wenn der „Blinde“ die richtige Lösung nennt, werden die Rollen getauscht.
Auf die gleiche Weise können auch Rechenaufgaben in die Handfläche geschrieben werden. Der „Blinde“ nennt dann einfach das Ergebnis.

So wird es noch schwieriger: Geheimbotschaften
Ein Spieler schreibt seinem Partner mit dem Finger ein Wort aus fünf Buchstaben auf den Rücken. Dabei beginnt er aber nicht mit dem ersten, sondern mit dem letzten Buchstaben und schreibt das Wort rückwärts, z. B. statt „SALAT“ schreibt er „TALAS“. Nennt der Partner das richtige Wort, darf er seinem Freund ein Wort auf den Rücken schreiben. Schwieriger wird es, wenn man längere Wörter nimmt oder dem Partner die Buchstaben ganz klitzeklein hinters Ohr schreibt.

77 Wörter nachspüren *Deutsch/Konzentration*

Jeder Spieler erhält einen langen, nassen Wollfaden (Schnur, Gummispaghetti, ...), darf sich sein persönliches Lieblingswort aus dem Grundwortschatz aussuchen und dieses Wort mit dem Faden auf seinem Tisch schreiben. Sein Banknachbar schließt die Augen und spurt den Faden mit dem Zeigefinger nach. Kann er das Wort mit geschlossenen Augen lesen?

78 Das Wett-Würfeln *Mathematik*

Zwei Banknachbarn treten gegeneinander an. Abwechselnd würfelt jeder mit zwei Spielwürfeln gleichzeitig, multipliziert die Zahlen, z. B.: $4 \times 2 = 8$ und schreibt die Punktzahl auf. So wird weiter gespielt, bis ein Kind zuerst 100 Punkte erreicht und damit gewinnt.

79 Der verschwundene Buchstabe *Konzentration*

Auf zwei weiße Blätter werden genau die gleichen zehn Buchstaben aus dem Setzkasten gelegt. Während jetzt ein Kind die Augen fest zuzwickt, nimmt der Banknachbar einen Buchstaben von einem Blatt weg. Nun darf das erste Kind die Buchstaben auf beiden Blättern vergleichen und soll möglichst schnell herausfinden, welcher auf dem einen fehlt.

80 Da fehlt doch was! *Konzentration*

Nachdem ein Schüler den Schultascheninhalt seines Banknachbarn genau betrachtet hat, schließt er die Augen, und der Schultaschenbesitzer nimmt einen Gegenstand (z. B. das Lineal) heraus und versteckt es unter der Bank. Jetzt darf das Kind die Augen wieder öffnen, die Tasche noch einmal genau inspizieren und soll möglichst rasch herausfinden, was in der Tasche fehlt.

81 Gekreuzte Finger *Ein bisschen Quatsch*

Ein Spielpartner wird gebeten seine Hände zu falten und die Finger zu kreuzen. Die Hände werden nach oben gedreht, sodass man die ineinander verschränkten Finger betrachten kann. Der Spieler deutet dann z. B. auf den Zeigefinger seines Partners und bittet ihn, diesen Finger zu bewegen. Siehe da, er bewegt einen anderen. Das Gleiche probiert man noch mit ein paar anderen Fingern des Partners aus. Seine Orientierung scheint auf seltsame Weise für eine Weile verloren gegangen zu sein.

Achtung: Die Sache funktioniert nicht, wenn man den jeweiligen Finger des Partners berührt!

82 Lippenlesen *Konzentration*

Ein Kind spricht ganz deutlich, jedoch unhörbar einen kurzen Satz. Der Spielpartner passt sehr genau auf und versucht, die Botschaft von den Lippen abzulesen.
Was er verstanden hat, wiederholt er laut. Hat der Spielpartner den Satz richtig wiedergegeben, darf er nun die nächste „Lippenbotschaft“ vorgeben.

83 Schiffbruch *Ein bisschen Quatsch*

Ein Spieler nennt seinem Banknachbarn einen beliebigen Gegenstand, der ihm gerade in den Sinn kommt, z. B. eine Schere oder eine saure Gurke, und der andere erzählt nun, warum gerade dieser Gegenstand so äußerst wichtig wäre, falls man als Schiffbrüchiger auf einer einsamen Insel strandet. Drei Minuten lang sollte die Aufzählung der Argumente dauern. Aber keine Angst, es geht ja nicht um wirklich sachliche Argumente, sondern in erster Linie um lustige Einfälle, wozu man diesen Gegenstand dort verwenden könnte.

84 Zusammenarbeit *Konzentration*

Immer zwei Schüler spielen zusammen. Sie halten einen Ball zwischen ihren Köpfen fest und sollen jetzt möglichst schnell aus Spielkarten (Würfelzucker, Pappbechern, Klopapierrollen, ...) einen Turm bauen.

Fällt der Ball während des Turmbaus zu Boden, darf so lange nicht weitergebaut werden, bis er wieder auf seinem Platz ist.
Besonders lustig wird es, wenn mehrere Partnergruppen im Wettbewerb gegeneinander antreten.

85 Ich seh etwas, das du nicht siehst!

Mathematik/Deutsch

Bei diesem Spiel suchen die beiden Kinder von ihren Plätzen aus im Klassenzimmer nach geometrischen Grundflächen und beschreiben sie ihrem Banknachbarn in Rätselform, z. B. „Ich seh etwas, das du nicht siehst:

- ➔ Es ist rechteckig, blau und liegt auf der Bank.“ (Buch)
- ➔ Es ist quadratisch, glänzt und hängt über dem Waschbecken.“ (Spiegel)
- ➔ Es ist rund, braun und hängt an der Wand.“ (Uhr)

Wer ein Rätsel löst, darf seinem Partner das nächste Rätsel aufgeben.

86 Spieglein, Spieglein ...

Ein bisschen Quatsch

Immer zwei Kinder stehen sich an ihren Plätzen gegenüber. Einer gibt nacheinander verschiedene Bewegungen vor, zieht Grimassen und begleitet das Ganze mit diversen Geräuschen, wie Hundebellen, Motorengeräusch, Gespensterheulen, Knurren, ... Sein Gegenüber muss ganz schnell alle Tätigkeiten und die begleitenden Geräusche nachahmen. Dann werden die Rollen getauscht.

87 Rückwärts – vorwärts

Deutsch/Konzentration

Ein Spiel, das einfach klingt, aber eine Menge Konzentration erfordert. Ein Kind überlegt sich einen kurzen Satz, z. B. „Familie Müller frühstückt im Garten.“, stellt sich den Satz geschrieben vor und sagt ihn laut rückwärts dem Spielpartner, also: „Garten im frühstückt Müller Familie.“ Der Spielpartner hört ganz genau zu und soll dann den Satz vorwärts sagen. Dann werden natürlich die Rollen getauscht und der Partner gibt einen Rückwärts-Satz vor.

Einzelspiele

88 Nase grüßt Tisch *Powerkids*

Jedes Kind steht an seinem Platz und stützt seine Arme auf dem Tisch ab. Nun beugt es seine Arme langsam nach außen, sodass es mit der Nase immer näher an die Tischplatte herankommt. Sobald die Nase beinahe den Tisch berührt, geht es wieder langsam in die andere Richtung. Die Arme werden gestreckt, bis jeder wieder seine Ausgangsposition erreicht hat.

89 Mein Schulweg *Entspannung*

Dieses Spiel eignet sich ausgezeichnet dazu, die Kinder zu beruhigen und dadurch auf die kommende Unterrichtsstunde vorzubereiten.
Die Schüler stehen an ihren Plätzen und werden aufgefordert die Augen zu schließen und sich in Gedanken vor ihre Haustür zu „beamen". Dann geht jeder in seiner Vorstellung den Schulweg von zu Hause bis zur Schulhaustür noch einmal nach. Wer in der Schule angekommen ist, setzt sich leise auf seinen Platz.

90 Mensch, hab ich 'ne Wut! *Entspannung*

Jeder ist mal wütend und darf es auch sein. Bloß die Wut nicht runterschlucken! Hier ein paar Vorschläge, wie man seine Wut, auch von seinem Platz aus so richtig genussvoll rauslassen kann:

➔ **Knetteig**
Jeder stellt sich auf dem Tisch vor sich eine große Portion festen Teig vor, den es jetzt zu kneten, zu walken, zu zerreißen und auf den Tisch zu donnern gilt.
Wer sich den Teig nicht vorstellen kann, braucht Plastilin oder Salzteig oder zur Not auch einen Pulli.

➔ **Zeitungen**
Alte Zeitungen aus dem Papiersammelkarton zerreißen, zerknittern, zu Papierbällen knüllen und gegen die Wand oder auf den Fußboden donnern.

➔ **Papiertüten**
Sammeln Sie jede Bäckertüte! Für wütende Kinder ist es ein tolles Vergnügen, die Tüten aufzublasen und mit einem wonnevollen Schlag platzen zu lassen.

➔ **Der Quetschballon**
Ein gewöhnlicher Luftballon wird mithilfe eines Trichters mit Sand oder Reiskörnern gefüllt und zugeknotet.
Den Sandballon kann man jetzt kneten, drücken, quetschen und auf diese Weise wunderbar seinen Ärger abreagieren.
Auf den Quetschballon kann mit Folienstiften ein lustiges Gesicht gemalt werden.

91 Der Wutzettel *Entspannung*

Auch der Wutzettel ist eine Möglichkeit, sich Luft zu machen. Der Grund des Ärgers wird auf einen Zettel gekritzelt, dieser dann zu einem Papierball geknüllt und mit voller Wucht an die Wand gepfeffert. Tut gut!

Tipp: Alles geht schief!

Helfen Sie Ihren Schülern dabei, Frustration auszuhalten und zu überwinden, indem Sie den Kindern offen legen, wenn Ihnen selbst etwas daneben geht. Zeigen Sie Ihren Ärger oder Ihre Enttäuschung darüber, aber dann auch gleich, wie Sie von diesem negativen Erlebnis lernen und den nächsten Versuch mit der neuen Erkenntnis starten. Sprechen Sie mit Ihren Schülern darüber, dass Fehler zum Leben gehören, jedem Menschen hin und wieder passieren und nur der Pech hat, der nicht aus seinen Fehlern lernt.

92 Schüttelwut *Entspannung*

Alle Kinder stehen auf und schütteln jetzt nach dem Vorbild der Lehrerin ein Körperteil nach dem anderen. Zuerst den Kopf, dann die Schultern, Arme, Hände, Beine, Füße und was sich sonst noch schütteln lässt. Ziemlich schnell stellt sich eine Art Befreiung ein.
Das Schütteln bewirkt eine Lockerung der angespannten Muskulatur, sieht lustig aus und man kann beobachten, wie die Schüler wieder gelöster, entspannter und fröhlicher werden.

Tipp: Ertappt!

Versuchen Sie, so viele Kinder wie möglich an jedem Schultag bei etwas zu ertappen, das sie gut und richtig machen und übersehen Sie viele Dinge, bei denen etwas nicht so gut abläuft.

93 Die flüsternden Schultern *Ein bisschen Quatsch*

Ab und zu ist es ganz hilfreich, wenn man seine Ohren zu den Schultern hinab beugt, um zu hören, was einem die Schultern so zuflüstern. Was, die linke Schulter sagt nichts? Okay, dann hören wir mal, ob die rechte etwas zu sagen hat. Auch nichts zu hören? Na, jedenfalls haben wir mal die Nackenmuskeln an- und entspannt. Aber es gibt auch immer wieder Kinder, die etwas hören! Lisas Schulter beispielsweise flüstert ihr zu, dass ihre Schultasche viel zu schwer ist, und Timos Schulter bittet darum, dass er sich öfter mal gerade hinsetzen soll. Ja so ist das, mit flüsternden Schultern!

94 Rätsel-Rechnen *Mathematik*

Bei diesem Spiel rechnen die Kinder Kettenaufgaben. Die Zahlen werden dabei als Rätsel angegeben. Das klingt dann ungefähr so:
Die Anzahl der Monate im Jahr, minus die Tage einer Woche, plus die Anzahl der Kerzen auf dem Adventskranz, minus die Anzahl der Zwerge bei „Schneewittchen", mal die Anzahl der Spieler in einer Fußballmannschaft ... ist gleich? (22)

95 Luftsitz *Powerkids*

Die Kinder sitzen auf ihren Plätzen. Nun stützt sich jeder mit den gestreckten Armen links und rechts auf der Sitzfläche so fest ab, dass er seinen Po ein kleines Stück weit von der Sitzfläche des Stuhls abheben kann und nur durch die Arme gestützt „in der Luft sitzt". Eine sehr anstrengende Angelegenheit!

96 Frische Luft für gute Gedanken *Entspannung*

Jedes Kind steht an seinem Platz. Die Fenster im Klassenzimmer werden geöffnet, sodass alle Schüler jetzt intensiv frische Luft atmen können. Bei jedem Atemzug denken die Schüler an einen Menschen (ein Tier oder auch an einen Gegenstand), den sie gerne haben. Auf diese Weise atmen die Kinder zehnmal tief ein und aus. Ein kleines Spiel, das schnell und effektiv Körper und Seele erfrischt.

97 Was darf's denn kosten? *Mathematik*

Die Lehrerin schneidet aus einem Katalog oder aus Postwurfsendungen zehn Bilder von verschiedenen Dingen aus, zum Beispiel ein Fahrrad, ein Kilo Äpfel, eine Armbanduhr, eine Tafel Schokolade usw. und klebt sie auf Papier. Ganz geheim notiert sie die Preise dieser Dinge.
Wenn dann alle Spieler mit Papier und Stiften „bewaffnet" an ihren Plätzen sitzen, kann's losgehen: Die Lehrerin zeigt ein Bild vor, und die Spieler schätzen, was das abgebildete Ding wohl kostet. Sind dann alle Bilder vorgezeigt worden, kommt die Kontrolle: Wie viel kostet das Fahrrad? Jeder nennt den vermuteten Preis, und derjenige erhält einen Punkt, dessen Schätzung der Wirklichkeit am nächsten kommt. Wer am Ende die meisten Punkte ergattert hat, gewinnt.

98 Das „Wort im Wort"-Spiel *Deutsch*

Jedes Kind sitzt bequem an seinem Platz. Nun nennt die Lehrerin ein Wort, indem ein anderes Wort enthalten ist, zum Beispiel „St**und**e". Die Schüler schließen ihre Augen und jeder stellt sich dieses Wort in Gedanken geschrieben vor. Wer entdeckt als erster das versteckte Wort? Wer es laut nennt, darf sich einen Punkt merken. Es wird so lange weitergespielt, bis entweder jedes Kind mindestens einen Punkt hat, oder ein Schüler drei Punkte ergattern konnte.
Weitere Beispiele: Sch**wal**be, Sch**auf**el, N**acht**, **Zwei**fel, h**elf**en, d**reh**en, ...

99 Namenspuzzle *Deutsch*

Zuerst wird jedes Kind aufgefordert, seinen Vor- und Nachnamen in großen Druckbuchstaben auf einen Zettel zu schreiben. Dann nimmt sich jeder einen zweiten Zettel und verändert die Reihenfolge der Buchstaben. Aus DIANA DANNINGER wird vielleicht: ANADI GRANDINEN.
Diese Zettel sammelt die Lehrerin ein und teilt sie in anderer Reihenfolge wieder an die Schüler aus. Jedes Kind hat also nun ein Namenspuzzle vor sich. Wer sein Rätsel gelöst hat, schreibt den richtigen Namen auf einen neuen, kleinen Zettel und zeigt ihn der Lehrerin.

Achtung: Die Puzzle-Zettel gut aufheben, denn sie eignen sich prima um die Schüler zwischendurch ein paar Extraminuten sinnvoll zu beschäftigen.

100 Fledermäuse *Entspannung*

Ein kleines Spiel zum Entspannen der Finger:
Jeder Schüler streckt beide Hände vor sich aus, sodass er auf seine Handrücken schauen kann. Jetzt werden beide Daumen ineinander verschränkt, die übrigen Finger ausgestreckt und schon kann die Fledermaus mit elegantem Flügelschlag auf und ab, nach links und rechts, nach vorne und hinten fliegen.

101 Das Buchstabenspiel *Überraschung/Deutsch*

Ein Kind, das heute besondere Aufmerksamkeit verdient hat, darf seinen Vor- und Nachnamen in großen Druckbuchstaben an die Tafel schreiben. Die Mitschülerinnen und Mitschüler bekommen fünf Minuten Zeit, aus diesen Buchstaben so viele sinnvolle Wörter wie möglich zu basteln.

Beispiel: MANUELA SCHOBER
Mögliche neue Wörter: Bach, Rabe, Schale, Lama, Barsch, Ohr usw.

Nach fünf Minuten tragen alle Kinder die gefundenen Wörter vor.
Ein Kind, das schnell (und vorwiegend fehlerlos) schreiben kann, notiert die Wörter auf einem besonderen Blatt, das am Schluss dem geehrten Kind geschenkt wird.

102 Lauschzeit *Entspannung*

Die Lehrerin öffnet die Fenster und die Tür des Gruppenraumes. Alle Kinder sitzen ganz still auf ihren Plätzen und schließen ihre Augen. Sie sollen nun einige Minuten lang konzentriert auf Geräusche lauschen, die sie wahrnehmen können: Vogelgezwitscher, ein startendes Auto, eine vorbeifahrende Straßenbahn, irgendwo pfeift jemand, eine Tür wird zugeschlagen ... Nach der Lauschzeit berichten die Kinder von ihren Wahrnehmungen.

103 Quatschsatz *Deutsch*

An der Tafel steht der Vorname eines Kindes in großen Druckbuchstaben, z. B. P A U L A
Die Kinder überlegen sich Sätze, deren Wörter mit den Buchstaben von P A U L A beginnen, z. B.

Peters **a**rmer **U**rgroßvater **l**iebt **A**mseln.
Oder:
Papageien **a**us **U**ganda **l**ernen **a**bends.
Oder (Beitrag eines Lehrersohnes):
Papa **a**ber **u**nterrichtet **l**eider **a**uch.

104 Wilde Kerle *Entspannung*

Die wilden Kerle stehen an ihren Plätzen. Jeder verschränkt die Finger ineinander und legt seine Hände mit den Handflächen nach innen auf den Hinterkopf. Die Ellbogen zeigen nach links und rechts. Während nun jeder Kerl ganz furchtbar wild schaut, die Augen leicht zukneift und ein böses Knurren verlauten lässt, drückt der Kopf nach hinten gegen den Widerstand der eigenen Hände. Die Lehrerin zählt laut bis zehn. Dann darf jeder wilde Kerl seine Arm- und Kopfmuskulatur wieder entspannen. Die Arme schwingen locker nach unten und das Schönste: jeder Kerl setzt sein freundlichstes und friedlichstes Lächeln auf.

105 Das Sitzplatz-Problem *Mathematik*

Eine kleine Denkaufgabe: Herr Brösel sucht seinen Sitzplatz im Sportstadion. Er stellt fest, dass es der zwölfte Platz in der Reihe ist, wenn man von der linken Seite die Reihe betritt, aber der neunte Platz wenn man die Reihe von rechts betritt. Wie viele Plätze hat eine Sitzreihe in diesem Stadion?

106 Guten Morgen, liebe Kinder!

Aufwärmspiel

Alle Kinder sitzen an ihren Plätzen, verschränken die Arme und legen sie vor sich auf die Tische. Nun legt jedes Kind seinen Kopf auf die verschränkten Arme, schließt die Augen und tut so, als würde es schlafen. Nach etwa einer halben Minute lässt die Lehrerin einen Wecker klingeln und ruft freundlich: „Guten Morgen, liebe Kinder!“ Jedes Kind wird wach und reckt und streckt sich an seinem Platz, kreist seine Schultern, gähnt und reibt sich die Augen. Endlich wach? Dann kann es ja gleich losgehen.

107 Knöllchen

Powerkids/Entspannung

Jeder Spieler streckt beide Arme seitlich aus und erhält von der Lehrerin zwei Blätter Papier oder zwei halbe Bogen Zeitungspapier aus dem Papiermüll. Nun soll jeder Spieler aus seinen Papieren zwei feste, kleine Knöllchen knüllen. Das entspannt und trainiert die Handmuskulatur.

108 Nur Geduld! *Konzentration*

Müde und unkonzentrierte Schüler? Wie wäre es mit ein paar Geduldsspielen, die wieder frischen Schwung in die Schülerschar bringen?

➔ **Das Kartenhaus**
Ein Paket Spielkarten, eckige Bierdeckel oder ein Stapel Karteikarten und der Bau des Kartenhauses kann beginnen.

➔ **Das Becherhaus**
Aus vielen gesammelten Joghurt- und Sahnebechern kann man ebenfalls tolle Häuser und Türme bauen. Gerade kleinere Kinder tun sich mit Bechern viel leichter als mit Karten!

➔ **Münzenturm**
Fast genauso kniffelig wie beim Kartenhausbau geht es hier zu: Viele gleiche Münzen sollen so aufeinander gestapelt werden, dass ein möglichst hoher Turm entsteht.

109 Das Fünf-Wörter-Training *Deutsch*

Fünf Merkwörter, z. B. Wörter aus dem letzten Diktattext, werden vorgegeben und sollen von den Spielern nun nach bestimmten Kriterien abgeschrieben werden, zum Beispiel:
➔ nach dem Alphabet
➔ nach der Anzahl ihrer Buchstaben
➔ nach ihrem Erscheinen im Text!
➔ nach ihrer Schwierigkeit! Das einfachste Wort zuerst, das schwierigste zuletzt.

Zum Schluss sollen die Schüler die trainierten Wörter in Sätzen verwenden. Wer kann einen Satz bilden, in dem zwei, drei, vier oder sogar alle Merkwörter vorkommen?

110 ABCD-Sätze *Deutsch*

Die Schüler, die mit ihrer Arbeit schon fertig sind, dürfen gleich von sich aus mit diesem kleinen „Sätze-Bastelspiel“ beginnen. Dazu sucht sich das Kind vier Buchstaben aus, die im Alphabet direkt hintereinander stehen, also zum Beispiel: G, H, I und J. Dann bastelt es einen Satz, dessen Wörter mit den ausgewählten Buchstaben beginnen, vielleicht: „Georgs Hamster isst Jagdwurst.“ Oder „Gusta hustet im Januar.“ Am Ende der Woche werden alle „Sätze für zwischendurch“ vorgelesen und die lustigsten mit kleinen Preisen belohnt.

111 Freundliche Selbstbegegnung *Ein bisschen Quatsch*

Bei diesem Spiel darf man sich selbst die Hand schütteln und zwar hinter dem Rücken! Zuerst werden beide Hände ganz einfach auf dem Rücken zusammengeführt und man darf sich die eigenen Hände kräftig schütteln. Dann wird es schwieriger: Eine Hand wird von oben über die Schulter gereicht, während die andere von unten nach ihrer Partnerin tastet. Ein lustiges Spiel, bei dem jeder Sportler seine Arm- und Schultermuskeln kräftigt.